Je ne pense qu'à ça

KARIM RESSOUNI-DEMIGNEUX

Images de Monike Czarnecki

RUE DU MONDE

1

Je ne savais pas que j'avais un corps.

J'avais mal, parfois. Je me coupais, souvent. Lorsque mon père me chatouillait, je riais à en pleurer.
Mais, en général, c'était ma mère qui s'occupait de tout. C'était elle qui prenait ma température, qui caressait mon front fiévreux, qui vérifiait que je prenais une écharpe et qui me forçait à manger des légumes à la vapeur.

Maintenant, je sais que j'ai un corps. Cette horrible année a tout changé.

J'ai changé. Mon nez a grossi, mes pieds ont grandi, j'ai des boutons blancs, des points noirs, et des poils qui me grattent.

Il y a presque un an, ma mère a dit :
– C'est pas possible qu'il fasse déjà sa puberté !
Mon père lui a répondu en gonflant le torse :
– Eh ! nous les Arabes, on n'attend pas pour ces choses-là.

J'étais dans la salle de bains. J'avais remarqué une ombre au-dessus de ma lèvre et j'essayais de la nettoyer. Puis, dans ma chambre, j'ai ouvert le dictionnaire :
PUBERTÉ : *Passage de l'enfance à l'adolescence ; ensemble des modifications*

physiologiques et psychologiques qui se produisent à cette époque (apparition des caractères sexuels secondaires, des règles, capacité à procréer).

Sexuel. Je n'ai vu que ce mot : *sexuel.* Le seul que je comprenais. Que je croyais comprendre, plutôt. Car je me suis aperçu à cet instant que, pour la première fois, je le comprenais véritablement.
Je me suis adossé à la porte et j'ai regardé mes poils. Depuis, je ne pense qu'à ça.

* * *

Mon père a tort et cela lui arrive souvent. Il n'y a pas que les Arabes de précoce.

Si la puberté, c'est les boutons, Alexis est le grand vainqueur. Avec ses lunettes en forme d'écran et ses furoncles gros comme des touches, on l'appelle « Microsoft ».

Si la puberté, c'est les poils, Philippe est le meilleur. Il a un seul sourcil, mais énorme, et ses jambes sont déjà plus velues que le yéti.

Et si la puberté, c'est sexuel, on en parle depuis si longtemps que…

* * *

Mademoiselle Anglais, elle, dit que la puberté, c'est Amin. Depuis quelques mois, Amin a une boule de ping-pong coincée dans la gorge ; elle flotte dans son cou et perturbe sa voix, qui passe de l'aigu au grave comme dans une

le
de plusieurs éléments
et, ou, ni,
soient toutes
ou des

chanson de Céline Dion. Quand cela arrive, Mademoiselle Anglais tente de faire une blague, mais nous, on ne rit pas car, dans ma classe, on ne rit pas avec Mademoiselle Anglais.

* * *

Mademoiselle Anglais, c'est notre prof de français et notre prof principale. L'an dernier, nous l'avions déjà et, au premier trimestre, nous avions bien aimé lire *Barbe-Bleue* avec elle. Mais au collège, nous avons vite appris qu'il ne fallait pas aimer Mademoiselle Anglais, et la fin de l'année a été terrible.

– Ça y est, a-t-elle dit, c'est le moment où les gentils sixièmes se transforment en monstrueux cinquièmes.

Nous avons tous regardé sa peur. Je crois

que c'est la dernière phrase qu'elle a pu terminer dans le silence.

* * *

Mademoiselle Anglais, c'est notre prof de français, mais c'est aussi notre voisine et la meilleure amie de ma mère. Je crois qu'elle n'a jamais eu d'élève aussi ingrat que moi.

Et pourtant, dans la vie, je l'aime bien, Mademoiselle Anglais. J'aime bien jouer aux dames avec elle quand mes parents sortent le soir ; j'aime bien lorsque nous faisons du cheval ensemble ; elle me prête des livres incroyables et c'est elle qui m'a fait découvrir les Rolling Stones. Mais j'ai vite compris qu'il ne fallait pas arriver au collège en discutant avec elle. Alors, dès le premier mois de ma sixième, lorsque nous partions ensemble de notre immeuble, je courais prendre un autre chemin. Et, au collège, je n'ai jamais prononcé son prénom. Je ne l'ai jamais défendue. J'ai même participé à toutes les opérations dirigées contre elle.

Je suis aussi celui qui a trahi tous ses secrets. Car elle a de beaux secrets, Mademoiselle Anglais. C'est une lesbienne et sa vie amoureuse, c'est mieux que *Les Feux de l'amour*, comme dit ma mère. Alors, quand les autres m'ont demandé si c'était vrai que Mademoiselle Anglais aimait les femmes, j'ai dit oui et j'ai rajouté tous les détails que je connaissais et ceux que j'inventais. J'ai même dit qu'avant, elle avait volé la fiancée de Hulk.
Hulk, c'est notre principal. On l'appelle

Hulk parce qu'il fait de la musculation et qu'il a toujours l'air trop serré dans ses costumes ; on dirait que ses muscles vont faire éclater sa chemise. Grâce à Hulk, grâce à Mademoiselle Anglais, pendant un mois je suis devenu le roi de la cour ; et si elle l'a su, elle n'en a jamais rien dit. Juste une fois, en classe, elle m'a regardé comme un noyé regarde celui qui refuse de lui donner la bouée ; et j'ai baissé les yeux.

* * *

Du coup, je n'ai pas osé aller la voir quand les choses ont commencé à mal tourner pour moi. J'aurais dû, cela m'aurait évité bien des malheurs.

2

C'était au début de cette année. En octobre. Je venais d'avoir mes premiers poils et je parlais avec Yaël.
Yaël, c'est Yaël, celle qui voulait se marier avec moi, qui a décidé qu'on resterait bons amis et qui, maintenant, ne sait plus trop quoi penser. Ce jour-là, je parlais avec elle, et Amin, avec sa voix de flûte mal réglée, m'a dit :
– Eh ! le pédé, tu joues au foot ?

J'ai regardé Amin. Yaël s'est mise à rire. Je l'ai regardée. Elle a arrêté de rire. Je me suis levé. J'ai couru. Je comprenais

que je ne devais pas courir. J'ai couru encore plus vite. Amin a crié :
– Alors, le pédé ?
Yaël a crié :
– Ta gueule !
Alexis a demandé :
– C'est qui, le pédé ?
Je me suis arrêté. Je me suis retourné. J'ai ouvert la bouche pour parler. Mais je n'ai rien dit. Aucun mot ne sortait. Alexis a dit :
– C'est Ismaïl, le pédé ?
J'ai foncé sur lui. J'entendais des rires. Et mon poing est venu heurter les touches de son clavier.

* * *

Amin a tenu deux jours avant de recommencer. Pendant ces deux jours, j'avais eu le temps de penser. Il fallait que je sois de glace et que je réponde du tac au tac : « Pédé toi-même », « Qu'est-ce t'as ? », « T'es nul ! », « Tu sais ce qu'il te dit, le pédé ? », « Répète un peu ! »

Mais lorsqu'Amin est arrivé près de nous, Yaël venait de me raconter une blague. J'avais l'esprit ailleurs et un grand sourire quand il a dit :
– Ça va, les filles ?
J'ai répondu :
– Je ne suis pas une fille !
Et, en répondant, je me suis senti nul, si nul que je n'ai rien dit quand il a éclaté de rire :
– Ah ouais, c'est vrai, t'es un pédé !
Je n'ai rien dit. À nouveau j'ai couru. Loin, le plus loin possible. En me

disant : « Arrête de courir. » En me criant : « Arrête ! » Mais je ne pouvais pas m'arrêter.

* * *

Évidemment, après ça, Amin s'en est donné à cœur joie. Que je hausse les épaules ou que je réponde, il ne m'appelait plus « Ismaïl » mais « pédé ». Et quand je n'étais pas avec elle, il demandait à Yaël :
– Elle est où, ta copine ?

Pourtant, je l'aimais bien, Amin. L'été dernier, on avait mis des pétards dans des fourmilières, et on avait tant joué à Warcraft que nous avions failli nous perdre dans Azeroth, lui faisant partie de l'Alliance et moi de la Horde.

Avec Amin, j'étais fort. On adorait se moquer des autres, d'Alexis surtout, qu'on pourchassait dans la cour jusqu'à ce qu'il se réfugie dans les toilettes. Mais lui, il aimait ça.

Que s'est-il passé pour que ce soit moi qui, dans les toilettes, ai dû attendre que la récréation se termine ?
Je ne sais pas, je ne vois rien d'autre que la puberté.

3

Nous habitons cet immeuble depuis trois ans. Longtemps, je ne l'ai pas aimé ; il est aujourd'hui mon refuge.
Selon mon humeur ou selon le temps, je me glisse sur les toits par le vasistas du dernier étage, ou je plonge par les caves dans la citerne abandonnée qui donne sur ce que j'appelle les catacombes, mais où je n'ai jamais trouvé d'os.
C'est un drôle d'immeuble, un immeuble de papier, comme le surnomme mon père qui, dans le salon, dit « À tes souhaits ! » à Mademoiselle Anglais quand elle éternue dans sa cuisine.

C'est comme ça que nous l'avons connue, Mademoiselle Anglais. Elle s'est installée ici il y a deux ans, l'été qui précédait ma première rentrée au collège. Avant même de l'avoir vue, nous l'avons entendue pleurer, pleurer encore, et ma mère est allée frapper à sa porte. Il n'a pas fallu une semaine pour qu'elles deviennent les meilleures amies.

Quand, peu de temps après qu'elle se soit installée dans notre immeuble, mon père a appris que Mademoiselle Anglais était lesbienne, il a eu un sacré choc.
– Lesbienne !!!
– Oui, quoi ? elle aime les femmes, ça n'a rien d'extraordinaire, a répondu ma mère en fronçant les sourcils, ce qui est très mauvais signe.

– Rien d'extraordinaire, rien d'extraordinaire, c'est toi qui le dis ! Ce n'est quand même pas normal…

– Ah bon ? Et qu'est-ce qui est normal ? Toi, peut-être ?

– Eh bien oui, moi, je suis normal. Je suis marié, je travaille, j'ai un enfant. Normal, quoi !

– Tu es vraiment ridicule, tu sais !…

Et là, on ne pouvait plus dire que les sourcils de ma mère étaient froncés ; elle avait carrément le front qui ressemblait à une mer déchaînée :

– Je te rappelle que mes parents, lorsque nous nous sommes mariés, ont justement dit cela, que ce n'était pas « normal » d'épouser un Arabe.

– Je ne vois pas le rapport…

– « Normal », ça n'existe pas ! Ce qui est normal ici ne l'est pas ailleurs, ce qui est

normal pour toi est anormal pour un autre. Regarde ta famille au Maroc, ils trouvent anormal que nous fassions du naturisme.
– Ça n'a rien à voir ! Le naturisme, ce n'est pas une perversion !
– Quoi, mais qu'est-ce que tu racontes, Mohammed ?!…
Quand ma mère prononce le prénom de mon père dans une conversation, c'est que l'orage va éclater et qu'il vaut mieux obéir.
– … L'homosexualité, ce n'est pas une perversion ! Tu es vraiment trop…

C'est alors que mes parents se sont aperçus que je les regardais. Mon père en a laissé tomber sa bouche, la lèvre inférieure en avant. Ma mère a pris son air le plus naturel et sa voix la plus commerciale :

ent pizza !

– Ah, tu es là…
– Oui, vous savez, j'habite ici. Au fait, si j'entends tout de ma chambre, je pense que Mademoiselle Anglais entend tout de son salon… Alors, comme ça, elle est lesbienne… On a une voisine lesbienne ! Allez, papa, rigole, c'est super !

Non, il n'avait pas l'air de trouver ça super. Quant à ma mère, elle me regardait comme si j'étais un extraterrestre. Je crois qu'elle n'imaginait pas que je puisse connaître le mot *lesbienne*. Alors que je pensais qu'elle allait m'infliger une longue explication, elle s'est tournée vers mon père et lui a dit :
– Mohammed, tu ne peux pas y couper. Tu dois avoir LA conversation avec ton fils.

Et elle nous a laissés seuls, moi avec un grand sourire et mon père avec la moustache qui tremblait.

* * *

Ça lui a pris du temps. Il s'est d'abord raclé la gorge, puis il est allé chercher une bière. Enfin, il a attrapé la télécommande, ce qui le rassure toujours, et nous avons eu LA conversation. LA conversation que je connaissais déjà, car je les avais souvent espionnés. LA conversation qui ne m'a rien appris de plus que la cour de récréation même si, à cette époque, je n'avais pas encore de poils. Mais LA conversation qui m'a terriblement amusé, car mon père tenait son rôle avec un grand sérieux, répétant mot pour

mot des phrases apprises avec ma mère. Il se forçait à me regarder dans les yeux. Il m'a dit trois fois :
– Mais c'est que tu deviens un homme, mon fils !
Et, pour terminer, il m'a serré la main.

Je me souviens, après cette conversation, j'ai attendu qu'ils sortent faire des courses pour allumer l'ordinateur et taper le mot *lesbienne*. Dans les résultats, il n'y avait pas Mademoiselle Anglais, mais plein de « XXX gratuits ». C'était comme quand, chez Yaël, on avait tapé *sexe* : une avalanche de tous les mots qui nous font rougir quand ils sont écrits. Puis j'ai tapé *pédé*, mais c'était comme un dictionnaire : *Pédé est un terme servant à désigner une personne homosexuelle.*

À *homosexuel*, il n'y avait pas de définition, juste des renvois à *mariage*, *suicide* et *rencontre*.
J'ai éteint l'ordinateur.

* * *

Pendant ma sixième, rien de tout ceci n'importait. Le temps a coulé plutôt drôlement.
À la maison, mon père apprenait à connaître Mademoiselle Anglais et son humeur changeante. Un jour, elle était gaie ; un jour, elle était triste. Un jour, elle faisait front avec ma mère contre le macho-qui-ne-veut-pas-faire-la-cuisine-et-encore-moins-le-ménage. Un autre, elle prenait le parti du macho et sortait à ma mère sa phrase fétiche :
– Est-ce que c'est vraiment important ?

S'il était au début distant et demandait à ma mère ce qu'elles pouvaient bien se raconter pendant tant d'heures, il a fini par attendre avec impatience qu'elle passe à la maison raconter des blagues. Car quand elle est de bonne humeur, Mademoiselle Anglais « a avalé un clown », comme dit mon père, même si ça ne se voit pas en classe où elle nous donne toujours l'impression d'assister à un film d'horreur.

Dans la vraie vie, quand elle n'est pas entourée d'élèves, Mademoiselle Anglais rit bien plus qu'elle ne pleure. Mais elle pleure souvent, car sa vie amoureuse est plus compliquée qu'une grammaire de français.

C'est drôle, d'ailleurs, de voir aujourd'hui mon père s'inquiéter pour elle alors que, dans les premiers temps, il ne

voulait pas entendre parler de sa copine Valérie. La première fois que Mademoiselle Anglais est venue dîner avec elle, on aurait dit qu'il recevait Nicolas Sarkozy. Maintenant, à chaque fois qu'elles se disputent et qu'elles se séparent, il demande des nouvelles, il donne des conseils. Je crois qu'il ne voit même plus qu'elles sont lesbiennes.
Du coup, s'il savait tout ce que j'ai pu raconter au collège sur Mademoiselle Anglais, je crois que je passerais un sale quart d'heure. Car je n'ai pas seulement dit qu'elle était lesbienne. Comme à mon habitude, j'ai brodé toute une histoire, racontant que Mademoiselle Anglais avait failli s'enfuir avec ma mère, mais que mon père, courageusement, l'avait provoquée en duel. J'ai même dit que je savais, puisque j'entendais tout,

que Mademoiselle Anglais vivait une histoire torride avec une prof du collège ; et si Yaël haussait les épaules en disant aux autres : « Il raconte n'importe quoi ! », tout le collège ne demandait qu'à me croire et soupçonnait la prof d'arts plastiques. Ne pas confirmer, ne pas démentir, c'est le secret des plus beaux mensonges.

4

Yaël ne m'a pas compris.

– Mais qu'est-ce que tu en as à faire ? Laisse-le dire… Viens plutôt jouer.

Amin m'obsédait. En cours, je le surveillais. Aux récréations, je le fuyais. Mais, à ce jeu-là, il était le plus fort. Au moment où je m'y attendais le moins, il surgissait devant moi. Il plongeait son regard moqueur dans mes yeux apeurés. J'aurais tout donné pour qu'il se taise. Au début, il soufflait le chaud et le froid. À plusieurs reprises, il redevenait gentil :

– Alors, je te croise plus sur WOW ?

Ou alors :
– Tu viens ce soir faire un match de hand, Ismaïl ?
Ou encore :
– J'ai croisé ta mère… Quel canon !

Je ne me méfiais plus, j'oubliais tout ce qu'il avait pu me dire ; je rêvais que nous étions à nouveau amis, et je passais quelques jours tranquilles.
Puis, soudain, lorsque nous étions en bande et que, riant avec lui, je lui attrapais l'épaule, il disait d'une voix aiguë :
– Me touche pas, pédé !
Il le disait si drôlement que j'aurais ri avec les autres s'il n'avait pas parlé de moi. Mais je ne pouvais pas. Mes yeux me piquaient et je luttais pour ne pas pleurer.

Yaël me disait :
– Tu es pédé ?
Je répondais :
– Non, bien sûr que non, qu'est-ce que tu crois ?
– Je ne crois rien, je m'en fous d'ailleurs, mais j'en ai marre de t'entendre te plaindre !
– C'est facile, c'est pas de toi qu'ils se moquent…

Car ils étaient de plus en plus nombreux à suivre Amin et à m'appeler *le pédé*. Il y avait des variantes. Certains disaient *pédale*, d'autres *chérie*, d'autres encore chuchotaient à l'oreille de leurs copains en riant. Je ne pensais qu'à eux.
Le soir, en m'endormant, j'imaginais comment je renversais la situation. Je faisais en sorte que ce soit Alexis le pédé.

Ou je me battais jusqu'à ce qu'ils me respectent tous. Mais le matin, en me réveillant, je savais que mes heures au collège allaient être un enfer. Je me traînais, mes parents s'énervaient. Une fois dehors, je marchais en songeant à ce qui allait m'arriver. Puis j'attendais au coin de la rue que la sonnerie retentisse pour entrer en classe sans rester un seul instant dans la cour.

* * *

Heureusement que je ne passais pas toute ma vie au collège. Dans mon emploi du temps, il y avait aussi le cheval et le chant. Au centre équestre, on se moquait de Mimosa, mon cheval à tête de mule. Mais personne n'a jamais songé à m'y traiter de pédé.

BOULAN
patisserie
PRIX EN EUROS

Mon autre refuge était la chorale. On apprenait *Carmen*, que nous devions chanter à l'opéra dans des costumes de mendiants. J'adorais répéter tous les samedis après-midi.
Mais juste avant Noël, Jonathan est arrivé, qui joue au hand avec Amin. En moins de temps qu'il ne faut pour le dire, il a commencé à se moquer de ma voix qui n'avait pas mué. Les deux lettres, *p* et *d*, se sont retrouvées gravées sur mon front.

C'est comme ça que j'ai commencé à voler. Je devais aller à la chorale tous les samedis, de 16 heures à 18 h 30. La première fois que je n'y suis pas allé, j'ai marché en ville. La deuxième fois, il pleuvait, et je suis allé dans un magasin. La troisième fois, il a fait si froid que j'ai

0575133
021615

dépensé tout mon argent de poche en allant au cinéma.
La semaine d'après, j'ai pris un billet de dix euros dans la cachette de mes parents. Cela m'a permis d'aller au cinéma et de m'acheter à boire.
La semaine suivante, il n'y avait plus que des billets de vingt euros dans la cachette. J'ai hésité, et puis j'en ai pris un, que j'ai complètement dépensé.

* * *

Les deux semaines qui ont suivi, j'ai essayé de faire attention. J'ai pris deux euros dans la poche de mon père, et des pièces jaunes dans le porte-monnaie de ma mère. Mais cela ne suffisait pas pour aller au cinéma, et je me suis ennuyé en ville à marcher dans

voleur
pour voir le film
3
4
5

des quartiers où j'étais sûr de ne rencontrer personne.

Je suis donc retourné à la cachette. Il y avait des billets de dix euros. J'en ai pris un. Cinéma.
La semaine d'après, il n'y avait qu'un billet de dix euros et des billets de vingt. J'ai donc pris un billet de vingt. Pour ne pas être remarqué. Cinéma.
Puis il n'y avait plus que trois billets de vingt. Cinéma.
Puis il n'y avait plus de billets dans la cachette. Juste un mot avec écrit dessus : *voleur*. Je l'ai reposé. Le soir, j'ai fait comme si je n'avais rien vu. À table, mes parents souriaient, ces traîtres.

5

– Tu es vraiment sûr que tu n'es pas pédé ? C'est rien, tu sais, c'est pas grave, tu serais mon super copain pédé. Moi, j'adorerais !
– Mais arrête, Yaël ! Je ne suis pas pédé.
– Tout le monde dit que tu l'es. Comme tu te caches, comme tu t'énerves, comme tu pars en courant, je finis par avoir des doutes…
– Et si tout le monde disait que j'étais une mangouste, ça voudrait dire que je suis une mangouste ?
– Personne ne dit que tu es une mangouste !

Avant qu'Amin ne me transforme en tête de Turc, je ne m'étais jamais posé la question. Je mentirais si je disais que, depuis, je ne me la suis pas posée. Elle tourne dans ma tête lorsque je me réfugie dans les toilettes. Quand je me balade à l'heure de la chorale, je voudrais l'éviter mais je n'y arrive pas. Lorsque je monte sur le toit et que je regarde la ville, elle m'empêche de voir.

« Est-ce que je suis pédé ? » D'un coup d'un seul, mon corps se crispe, mes mâchoires se serrent.

« Est-ce que je suis pédé ? » Je ferme les yeux et je n'imagine rien, que quelque chose de noir.

* * *

Réponse : S

Lorsque j'ai eu mon angine annuelle, j'ai sorti les vêtements de mes parents. Pour voir si j'étais pédé, j'ai mis une robe de ma mère, sa perruque blonde, je me suis maquillé. Devant la glace, je me suis embrassé. Pour voir si j'étais pédé, j'ai mis une chemise, j'ai noué une cravate et enfilé la veste grise de mon père. Je me suis encore regardé. Je me suis embrassé.

Tout m'a troublé, tout me trouble, comme me trouble le rasoir lorsque je fais semblant de me raser, comme les bruits me troublent. Souvent, la nuit, j'entends mes parents dans leur chambre et, de l'autre côté du mur, Valérie et Mademoiselle Anglais qui ne se chamaillent pas. Ils me troublent, elles me troublent. Les images me troublent.

Sur Internet, je tape *bite* et je suis tout aussi troublé que lorsque je tape *seins*. Sous mon lit, j'ai caché le catalogue de La Redoute. Certains soirs, je regarde les pages de soutiens-gorge. D'autres fois, je m'attarde à la rubrique des slips. Mais cela ne veut rien dire ; voir mon oreiller me trouble.

* * *

Dans la glace, encore, je me regarde. Comment voir si je suis pédé ? Mes cils sont longs et ma bouche rouge, est-ce un signe ? Je vois surtout que je ressemble de plus en plus à mon père, mon duvet d'ado, comme il dit, fait de plus en plus écho à sa moustache. Et mon père n'est pas pédé…

J'ai vu des pédés, des amis de Mademoiselle Anglais. Elle dit *gay*, et ma mère aussi dit *gay*. Mon père ne dit rien.
À l'anniversaire de Mademoiselle Anglais, je les ai observés comme, en sciences, on observe les fourmis. Celui qui dansait avec les mains avait la voix grave. L'autre portait des baskets avec un costume. J'ai fermé les yeux pour les imaginer s'embrassant. Ma mère m'a dit :
– À quoi tu rêves, Ismaïl ?
Ce n'était pas le moment d'être troublé.

6

Je n'aurais jamais cru que mon salut viendrait de Mademoiselle Anglais. Pendant de nombreux samedis, lorsque je n'ai plus eu les moyens d'aller au cinéma, j'ai fui la chorale en allant perdre mon temps au parc du Rocher. On y voit toute la ville, et il y a des cygnes, des canards, des vieux amoureux, un cours de taï chi. Cela me permet de ne pas penser à demain, de ne pas penser à la semaine prochaine, de ne pas penser à ma vie dans un an ou dans dix ans, car ce sont des pensées sombres qui me serrent le cœur comme

si un fantôme y plantait ses ongles. Qu'est-ce que je vais faire ? Qu'est-ce que je vais faire de ma vie ?

Je l'ai vue, de profil ; elle était assise sur la terrasse qui donne sur la place de l'Hôtel de ville. Je l'ai regardée longtemps, pendant que Charles Aznavour chantait *Emmène-moi* dans mon casque. Elle était immobile mais ses lèvres bougeaient. J'ai éteint ma musique mais, de là où je me trouvais, je ne pouvais pas entendre si elle parlait ou chantait. Je me suis doucement approché par-derrière : elle parlait, même si je ne pouvais pas deviner le sens de ses paroles.

– Tu parles toute seule ?

Elle a sursauté et s'est retournée avec la main sur la poitrine :

– Ah ! c'est toi, Ismaïl ? Tu m'as fait une de ces peurs !
– Qu'est-ce que tu disais ?
– Rien qui ne te concerne… Et toi, qu'est-ce que tu fais ici ?
– Je me promène.

* * *

C'était étrange de se retrouver là tous les deux. D'habitude, nous nous voyons au collège où je la vouvoie, ou alors chez nous où elle fait comme si, en classe, je ne lui manifestais aucune hostilité. Dans le parc du Rocher, je me suis vite aperçu qu'elle venait de pleurer et je me suis assis à côté d'elle. Nous ne nous regardions pas. Nous ne regardions pas la foule qui traversait la place, en bas. Nos yeux se perdaient

27

dans le vide et nous nous sommes parlé.

– Tu dois me prendre pour une folle, non ? Je parle toute seule, je pleure toute seule…

– Pourquoi tu pleures ?

– C'est compliqué. Je crois qu'il y a plein de choses qui me font pleurer. Mais c'est surtout vous, quand vous vous changez en gremlins…

– C'est quoi, les gremlins ?

– Tu ne connais pas ce film ? C'est l'histoire d'un garçon à qui on offre un drôle de petit animal très gentil qui, lorsqu'on le mouille, fait plein de bébés. Et ces bébés, après, se transforment en monstres horribles : les gremlins.

– Et pour toi, c'est qui, les gremlins ?

– Vous, les élèves. Quand vous arrivez au collège ou quand on vous parle individuellement, vous êtes adorables.

Mais dès que vous grandissez, dès que vous êtes en bande, vous vous transformez en gremlins !

– Je te demande pardon.

– Je ne parlais pas de toi, Ismaïl. Tu sais, tu n'es pas le pire. Et puis, je ne sais pas, je ne dois pas savoir y faire, je n'arrive pas à me faire aimer, ni même à me faire respecter.

– Tu préférerais quoi ?

– Entre quoi et quoi ? Entre être aimée et être respectée ? Je ne sais pas… Les deux.

– Moi, je préférerais être aimé.

Je n'ai pas reconnu ma voix. Peut-être que je commençais à muer moi aussi. Peut-être que j'avais peur. J'ai senti que Mademoiselle Anglais tournait son visage pour me regarder. Au bout de

quelques secondes, elle m'a dit :
– Adorable comme tu es, tu ne dois pas avoir de problème pour te faire aimer !

Mon corps a répondu pour moi. J'ai éclaté en sanglots, de véritables chutes du Niagara ont jailli de mes yeux. Mademoiselle Anglais a pris ma main pour la serrer :
– Pleure, Ismaïl, pleure, ça fait du bien.

Quand je n'ai plus eu de larmes, je lui ai tout raconté.

* * *

– Tu crois que je suis pédé ? Moi, je ne crois pas, je ne veux pas.
Elle ne m'a pas répondu. Elle a laissé s'installer un silence entre nous.

Pendant dix minutes, en pleurant, en lui parlant, j'avais fixé mes chaussures. J'ai tourné la tête pour la regarder. Son visage, tourné vers le ciel, se transformait en sourire.

– Ce n'est pas le problème, Ismaïl, et je ne peux pas répondre à ta question. Le problème, c'est Amin, il n'a pas à t'insulter et à te rendre la vie impossible. Tu sais, les mots peuvent infliger des blessures très profondes.

* * *

Je n'ai rien répondu, et elle n'attendait pas de réponse. Elle fermait les yeux et je voyais plein d'expressions passer sur son visage. Puis elle s'est tournée vers moi :

une action

– Je crois que j'ai une idée qui va nous permettre de régler tout ceci. Si tu es d'accord…

C'était une drôle d'idée. Mais j'ai dit d'accord.

27

7

Mademoiselle Anglais a décoré sa classe avec des affiches de cinéma. Depuis deux ans, nous passons quatre heures par semaine dans cette classe. Les affiches, on les connaît par cœur.
On se doute bien qu'il s'agit de ses films préférés. Comme nous ne les avons jamais vus, le jeu consiste à savoir ce qu'ils trahissent d'elle.
Avec *Les Demoiselles de Rochefort*, c'est clair, on voit deux filles qui chantent dans un tourbillon jaune.
À bout de souffle, on peut comprendre, vu le chahut qu'il y a en classe.

Mais *Elephant*, ça ne dit rien à personne. En revanche, depuis que j'ai vu *Gremlins*, je sais pourquoi, au-dessus du tableau, se trouve l'affiche de *Docteur Jekyll et Mister Hyde* !

Un mardi qui restera ancré dans ma mémoire, nous attendions devant la classe et, quand Mademoiselle Anglais est arrivée, elle s'est étonnée que la porte ne soit pas fermée à clef. Nous nous sommes installés sans trop de bruit car, à 8 heures du matin, nous ne sommes pas encore réveillés.
Quand Mademoiselle Anglais a ouvert le tableau, il a fallu trente secondes avant que les premiers rires jaillissent, trente secondes avant que tout le monde lise ce qui était inscrit à la craie :

« ISMAÏL EST UN PÉDÉ. »

Alexis s'est retourné vers moi. Yaël, à mes côtés, a dit un mot qui ne s'écrit pas.

Mademoiselle Anglais n'a pas effacé le tableau. Elle est venue s'asseoir sur son bureau et nous a regardés en hochant la tête comme pour dire non. Elle nous regardait dans les yeux. C'est dur de regarder une classe entière dans les yeux, mais Mademoiselle Anglais, ce jour-là, y est arrivée. Elle a ouvert la bouche et, dès sa première parole, plus personne n'a ri. Il y avait dans sa voix une dureté qui a imposé le silence.
– Qui a écrit ça ?

Personne n'a répondu, mais la classe s'est peu à peu retournée vers moi, pas pour m'accuser, bien sûr, mais pour voir

comment je réagissais. À mes côtés, je sentais Yaël qui lançait des éclairs. Toute la chaleur de mon corps se concentrait dans mon visage.

– Regardez-moi quand je vous parle ! Qui a écrit ça ? Personne, bien sûr !
Mademoiselle Anglais a pris une immense inspiration, a fermé les yeux quelques longues secondes et, d'une voix douce qui ne tolérait aucune réplique, elle a dit :
– Fermez vos cahiers. Je crois qu'il est temps que nous ayons une discussion sérieuse.
Elle nous a d'abord parlé d'elle, Mademoiselle Anglais. Elle n'a pas employé le mot *lesbienne*, mais le mot *homosexuelle*. Elle nous a dit qu'elle aimait une femme, qu'elle avait aimé

plusieurs femmes. Elle nous a également dit que, la première fois qu'elle était tombée amoureuse, elle avait été elle-même étonnée, choquée :

– Je ne savais même pas que cela pouvait exister. Toute mon enfance, j'avais joué au papa et à la maman sans me poser de questions. Je me disais qu'un jour, tout naturellement, j'allais tomber amoureuse d'un garçon et, patatras, voilà que j'étais amoureuse d'une fille ! Mes camarades connaissaient toutes les insultes que vous employez et ils ne se gênaient pas pour se traiter de *tapette* ou de *gouine.* Mais moi, personne ne m'a jamais insultée. Aujourd'hui, j'ai les cheveux courts, mais pendant mon adolescence, j'avais de belles nattes, je ressemblais à une petite fille modèle. Je crois qu'ils n'imaginaient même pas que je puisse penser à l'amour. Cependant, à chaque fois que j'entendais à propos des autres, ou à propos de rien, *pédé* ou *goudou*, c'était comme si on me frappait. Je me disais : « Je suis amoureuse d'une fille, je suis cette horrible chose, je suis cette insulte. »

Mademoiselle Anglais ne nous souriait pas, mais elle était loin d'être aussi craintive que lorsqu'elle tente de nous persuader de lire *Le Roman de Renart*. On ne souriait pas non plus ; peut-être qu'Amin souriait, mais je ne me suis pas retourné pour le vérifier.

– Je suis votre prof de français, alors étudions ce mot *pédé*. Qui a quelque chose à me dire sur ce mot ?

Après une minute de silence, pendant laquelle Mademoiselle Anglais se mordillait les lèvres, plusieurs mains se sont levées.

– C'est quelqu'un qui couche avec des garçons.

– Pédé, c'est pédophile.

– C'est pas naturel.

– C'est pas ce que Dieu veut.

– C'est un homme qui est comme une femme.

– Oui, c'est vrai ça, les pédés, on les reconnaît tout de suite, ils font comme ça…

– Tu veux dire comme ça ? a répondu Mademoiselle Anglais en levant les mains. Tu sais, les pédés ne se promènent pas le petit doigt en l'air, et ils sont loin d'être tous efféminés, si tant

est qu'être féminin soit un problème. Vous seriez étonnés de savoir que certains hommes très virils sont en fait homosexuels...

C'est à ce moment-là que quelqu'un a frappé à la porte de la classe ; immédiatement, Hulk, le principal, est entré. Tout le monde s'est levé et l'a regardé fixement.
– Je voulais vous confirmer que l'inspecteur passera dans votre classe dans deux heures.

Nous étions toujours debout, à le fixer, quand il nous a dit :
– Pourquoi me regardez-vous comme cela ? Rasseyez-vous maintenant.
Et il a quitté la pièce en resserrant son nœud de cravate.

Pendant tout ce temps, Mademoiselle Anglais avait gardé les mains en l'air. Elle les a baissés et, en souriant, nous a dit :

– Bon, il est temps que je redevienne un peu votre professeur de français. Nous allons faire un peu d'étymologie. *Pédé*, c'est l'abréviation du mot *pédéraste*. Ce n'est pas l'abréviation du mot *pédophile*. *Pédéraste*, c'est un mot qui vient du grec et qui veut dire : « Celui qui aime les garçons. » *Pédophile*, cela signifie : « Celui qui aime les enfants. » En français, à partir du 19e siècle, le mot *pédéraste* a fini par prendre le sens d'*homosexuel*, c'est-à-dire : « Celui qui aime le même sexe. » Un *pédé*, au sens strict, c'est un homme qui aime les hommes. Cela n'a rien à voir avec un pédophile.

Mais comme *pédé* est devenu une insulte et que l'autre mot scientifique, *homosexuel*, donne l'impression qu'une relation entre deux femmes ou deux hommes est uniquement caractérisée par le sexe, les homosexuels américains ont inventé le mot *gay*, pour montrer qu'il est aussi question d'amour.

– Chez les Américains peut-être, mais chez nous, les musulmans, il n'y a pas de pédés, a alors dit Amin.

– Je suis contente que tu t'exprimes, Amin. Je t'ai tellement entendu employer le mot *pédé* que j'étais très curieuse d'avoir ton avis. Alors, comme ça, il n'y aurait pas de gays chez vous, les musulmans ?

– Non, c'est pas possible, c'est interdit par la religion.

– Il y a beaucoup de choses qui sont

interdites par les religions. Par exemple, dans la Bible, si on travaille le septième jour, il est écrit que l'on doit être condamné à mort. Il y a un autre passage qui me terrifiait quand j'étais petite. Il y était dit que si un enfant n'obéissait pas à ses parents, ces derniers devaient l'amener à la sortie de la ville, et là les hommes devaient lui jeter des pierres, le lapider jusqu'à ce qu'il meure. Heureusement qu'on ne considère pas cela comme une loi. Mais tu vas me dire que toi, tu parles du Coran. Eh bien, tu sais que, dans le Coran, mentir est un grand péché, aussi grave que l'homosexualité…

– Qu'est-ce que vous voulez dire ? Que je suis un menteur ? C'est pas moi qui ai écrit au tableau !

– Je n'ai jamais dit ça, Amin. Et tu

n'as pas besoin d'écrire « Ismaïl est un pédé », tu le dis si souvent, comme si cela t'obsédait… À croire que tu es amoureux de lui !
Tout le monde a ri, même Mademoiselle Anglais, même moi. Yaël trépignait en répétant :
– L'amoureux ! Amin est amoureux !
Tout le monde a ri d'Amin, tout le monde en avait envie. Et la conversation a pris fin.

* * *

C'est moi qui ai écrit « Ismaïl est un pédé ». Mademoiselle Anglais m'avait dit :
– On va prendre le taureau par les cornes. Ils veulent du pédé, ils vont en avoir.

Et elle l'a dompté, le taureau !
Si Amin ne m'a plus parlé pendant un moment, il ne m'a plus jamais traité de pédé. Peut-être qu'il avait retenu la leçon. Peut-être qu'il savait ce que Yaël lui aurait répondu. Amoureux. Il n'avait pas envie d'entendre d'autres rires.

8

Pourquoi, une fois ceci réglé, suis-je allé me fourrer dans d'autres problèmes ? Je ne sais pas.

Mon père aurait dit :
– C'est la faute à tes hormones !
Depuis quelques mois, à chaque fois que je m'énerve, il prend son air médecin et il déclare :
– Tu n'es pas toi, tu le sais, mon fils, ce sont tes hormones qui parlent.
Et c'est parti pour un quart d'heure de discussion sur ce grand mystère, l'adolescent, moi.

Il dit :
– C'est comme ça, Ismaïl, tu te transformes, tu es comme un chaudron bouillant rempli d'hormones qui explosent dans tous les sens pour fabriquer un adulte. C'est pas facile.
Je l'étranglerais quand il parle comme ça.

Est-ce que les hormones se posent des questions ? Car je n'ai pas arrêté de m'en poser, moi, des questions, que j'aurais mieux fait de garder pour moi.

– Comment je peux savoir si je suis pédé ?
La question tournait dans ma tête, elle est sortie toute seule de ma bouche. Le seul ennui est que nous étions à table

et que mes parents en ont laissé tomber leur fourchette.
– C'est quoi, cette question ? a dit mon père.
Ma mère ne disait rien, elle me regardait comme si elle me voyait pour la première fois et que je ressemblais à une chauve-souris.
– Je ne sais pas, je me demandais.
– Tu te demandais quoi ? a répété mon père.
– Ben... Comment on sait si on est pédé ?

Il y a eu un silence électrique. Ma mère continuait à me regarder comme si je m'étais transformé, tout soudain, en animal mystérieux. On aurait dit qu'elle ne me reconnaissait pas.

– Qu'est-ce que j'en sais ? a dit mon père. Peut-être qu'on le sait en tombant amoureux d'un garçon. Tu es amoureux d'un garçon ?
– Non.
– Alors, tu n'es pas pédé, a crié ma mère au milieu d'un torrent de larmes. Et je voudrais qu'on arrête cette discussion !

Nous ne l'avons pas arrêtée. Mes parents, en tout cas, ne l'ont pas arrêtée. Mon père criait à ma mère qu'il fallait qu'elle se calme, qu'elle ne devait pas pleurer comme ça devant moi, que j'allais avoir peur, que j'étais à un moment critique de ma vie. Il en rajoutait tellement que je me suis senti fort.

Au bout d'un moment, ma mère a semblé l'écouter. Elle a ravalé ses larmes,

elle a levé les yeux sur moi et… elle s'est remise à pleurer en s'étranglant. Heureusement que nos murs sont fins. Mademoiselle Anglais a fini par sonner à la porte.

Avant que ma mère n'aille pleurer dans ses bras, en lui disant : « Mais pourquoi je réagis comme ça ? J'ai honte, mais j'ai honte ! », Mademoiselle Anglais m'a dit avec un beau sourire :
– Je sens qu'avec toi, Ismaïl, la vie va être pleine de surprises !

026287
CLUB 4

9

Qu'est-ce que je vais faire ? Qu'est-ce que je vais faire de ma vie ? Je ne sais pas. Mais je voudrais, oui, qu'elle soit pleine de surprises.

Pendant que Mademoiselle Anglais consolait ma mère, mon père est venu me voir. Depuis qu'il a décrété que j'étais pubère, il frappe toujours avant d'entrer. Il m'a fait un clin d'œil et il m'a dit :

– Je ne veux pas savoir ce que tu trafiques dans ta chambre, espèce d'adolescent pervers…

Très drôle ! Je préférais quand il n'osait pas aborder LA conversation.
Il est grand, mon père. Il a attrapé mes épaules, il m'a regardé droit dans les yeux et il m'a dit :
– C'est bizarre, hein ? de grandir. On change, tout change. Mais il y a une chose qui ne changera jamais, c'est que tu es notre fils et que nous t'aimons à l'infini.
Puis, après un « Je vais rejoindre les femmes ! » plein de gaieté, il m'a laissé.

Je les entends maintenant parler de l'adolescence, « ce grand mystère ». Toutes les cinq minutes, ma mère répète :
– Mais pourquoi je réagis comme ça ?
Mademoiselle Anglais éclate de rire.

* * *

Je repense à cette année et je sens une boule dans ma gorge qui monte et qui descend. Je touche mon cou. Ça y est, j'ai moi aussi une pomme d'Adam. J'espère qu'elle ne sera pas comme celle du principal. Celle de Hulk est aussi grosse qu'une balle de ping-pong. On se demande toujours comment il réussit à avaler sa salive sans s'étouffer.

Je crois que je n'ai plus peur maintenant.

Ce livre est imprimé sur du papier Condat mat Périgord,
issu de forêts gérées durablement, correspondant aux normes suivantes :
(ECF) Elemental Chlorine Free, sans acide à longue durée de vie,
conforme aux exigences européennes concernant la teneur
en métaux lourds (98/638 CF), recyclable et biodégradable.

IMPRIM'VERT®

Achevé d'imprimer en août 2009
sur les presses de l'imprimerie Clerc
à Saint-Amand-Montrond (18) - France
Dépôt légal : août 2009

Dans la même collection :

Je suis un gros menteur
Karim Ressouni-Demigneux / Daniel Maja

Ce matin, mon grand-père est mort
Karim Ressouni-Demigneux / Daniel Maja

La cabane sur le toit
Stéphane Servant / Monike Czarnecki

Nassim et Nassima
Ingrid Thobois / Judith Gueyfier

Poisson d'argent
Sylvie Deshors / Monike Czarnecki

La Caravelle d'El Aouina
Pef

Eloa, quand est-ce qu'on s'en va ?
Franck Pavloff / Clotilde Perrin

Les quatre saisons de Rose
Rascal / Nathalie Novi

L'enfant du zoo
Didier Daeninckx / Laurent Corvaisier

Ciel ! les Martiens !
Gianni Rodari / Bruno Heitz

La libération des oiseaux
Bertrand Solet / Marcelino Truong

Il fera beau, Julot !
Anne Kerloc'h / Clotilde Perrin

Oh là là Lola
Clotilde Bernos / Olivier Tallec

P'tite mère
Dominique Sampiero / Monike Czarnecki

La série « Viva Fausto ! » :
Bernard Chambaz / Zaü

Le match de foot qui dura tout un été

Le tour de France sur mon beau vélo jaune

Les JO, les dieux grecs et moi

La grande fête du rugby